미애

미애
김명석 시집, 추미애 사진집

초판 1쇄 발행 2025년 9월 5일

지은이 김명석, 추미애
펴낸이 장길수
펴낸곳 지식과감성#
출판등록 제2012-000081호

교정 정은솔
디자인 이현
편집 이현
검수 주경민
마케팅 김윤길

주소 서울시 금천구 벚꽃로298 대륭포스트타워6차 1212호
전화 070-4651-3730~4
팩스 070-4325-7006
이메일 ksbookup@naver.com
홈페이지 www.knsbookup.com

ISBN 979-11-392-2779-6(03810)
값 16,800원

- 이 책의 판권은 지은이에게 있습니다.
- 이 책 내용의 전부 또는 일부를 재사용하려면 반드시 지은이의 서면 동의를 받아야 합니다.
- 잘못된 책은 구입하신 곳에서 바꾸어 드립니다.

지식과감성#
홈페이지 바로가기

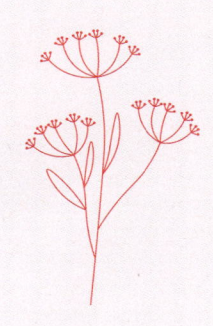

차례

	시	사진

시인의 말 | 김명석(시인, 수필가, 소설가)
꿈과 현실의 앙상블   8
사진작가의 말 | 추미애(사진작가, 수필가)
자연과 삶의 컬래버레이션   10

아름다운 사랑

	시	사진
밝게 빛나라	12	13
빨간 모자	14	15
늘 웃는	16	17
반달	18	19
장미	20	21
호박	22	23
공황장애	24	25
환골탈태	26	27
회귀 본능	28	29
낙타는 선인장꽃을 피우기 위해	30	31
등대의 꿈	32	33
금의환향	34	35
애꾸눈 오뚝이	36	37
하이힐	38	39
청바지를 위하여	40	41

찜	42	43
물고기와 놀기	44	45
개미와 베짱이	46	47
꽃놀이	48	49

초록동색

금실지락	52	53
붕어빵	54	55
사랑하는	56	57
머리 받침 없는 의자	58	59
페이지	60	61
냉온탕	62	63
익숙한 소리	64	65
생선 비린내	66	67
기억의 넓은 뜰	68	69
상영 중	70	71
화성목장 가는 길	72	73
이소	74	75
아궁이	76	77
오 남매	78	79
오 남매 2	80	81
초록동색	82	83
줄기	84	85

요거트와 견과류

꿈	88	89
꿈을 낚는 아이	90	91
외길의 향기	92	93
내 꿈은 바닷가 살기	94	95
운두	96	97
동서남북	98	99
십인십색	100	101
요거트와 견과류	102	103
우정의 전원주택	104	105
옹기종기	106	107
커피숍의 해후	108	109
새해 해돋이	110	111
갈매기와 춤을	112	113
소라 껍데기	114	115
노을은 먹구름을 극복하고	116	117
첫눈에 반한	118	119
골목 누아르	120	121
우화	122	123
에피소드	124	125

시집 해설 | 민은숙(시인, 칼럼니스트)
비극 너머 긍정의 에토스　　　　　126
사진집 해설 | 김의배(사진작가, 시인, 수필가, 기자)
풍광과 기발한 예술성의 미학적 조화　　　　　137

시인의 말

꿈과 현실의 앙상블

김명석(시인, 수필가, 소설가)

　작년 8월에 네 번째 장편소설 『기억의 분식집』을 출간해서 9월 한 달간 대호 화가의 작품전과 필자의 시화전이 열리는 죽마고우의 상리 주유소에서 출판 기념 사인회를 갖기로 했다. 사인회 날짜를 두고 고민하다가 8월 30일로 정해 죽마고우에게 의견을 물으니 전시회 전이라며 꺼렸다. 다시 9월 3일과 5일로 잡아 상의했더니 5일이 좋겠다고 해서 그날 오후에 하기로 정했다.
　사인회가 열린 날 오후 중반쯤 되니 소나기가 쏟아졌다. 그런 중에도 죽마고우가 한 단아한 여성을 사인회장으로 모시고 들어오며 작가님이라고 소개했다. 동료 작가로서 그렇게 반가울 수가 없었다. 서로 인사를 나눈 후 명함을 받아 보니 이름이 추미애였다.
　미애는 아빠의 7주기를 맞아 납골당에 갔다가 수원으로 향하는 중에 절친한 친구가 집으로 와 달라고 부탁해서 차를 돌려 그곳으로 가는 길에 기름이 바닥 나 이 주유소로 들어오게 된 것이다.
　그런 연유들로 인해 이루어진 만남은 신기하고 필연적인 일이었다.
　미애는 사진 찍기를 좋아했다. 메시지를 통해 사진을 보내오면 그 사진을 보고 시를 짓곤 했다.

미애는 타고난 문학적 재능이 있었다. 처음으로 『한국수필』 신인상에 응모해 단번에 등단했다. 필자는 미애의 수필을 읽고 시를 짓기도 하고 또한 진솔한 이야기를 듣고 시를 짓기도 했으며 미애는 그 시들에 맞는 사진 작품들을 만들었다.

그렇게 해서 완성된 『미애』는 미애 자신과 삶과 연관된 필자의 다섯 번째 시집이자 미애의 첫 사진집이다. 동병상련하고 공감하며 감상해 주시기를 바라 마지않는다.

사진작가의 말

자연과 삶의 컬래버레이션

추미애(사진작가, 수필가)

　화성시 우정읍에 있는 전원주택에서 이십 년을 거주하며 고온항, 궁평항, 제부도가 가까운 자연 속에 묻혀 사는 삶은 낭만적이었다. 그러한 자연은 외롭고 힘들 때 위안과 희망을 얻게 했다. 그래서 틈만 나면 그 자연 속에서 쉼을 얻고 여행하며 사진 찍기를 즐겼다. 밀물과 썰물, 조양과 석양이 연출하는 자연의 조화를 담은 사진을 얻으면 뿌듯하고 기쁨이 컸다.

　그렇게 얻은 사진들을 전시하고자 몇몇 기관에 접촉했는데 화성시체육회로부터 작품들이 좋다는 호응을 얻었다. 그리고 화성시청의 도움으로 작년 12월 14일에 화성시복싱협회장배 복싱대회가 열리는 화성남부국민체육센터 다목적체육관에서 공식적으로 화성시체육회와 화성시복싱협회 주최로 〈등대의 꿈〉 사진전을 개최했다. 총 40점을 전시했고 수많은 복싱대회 관객과 일반인이 관람하며 호평해 성황리에 마쳤다.

　그에 힘입고 또 김명석 시인님과 컬래버레이션을 하며 사진집을 낼 수 있게 되었다. 사진들은 자연의 풍광과 사물 등이 담긴 것으로 삶의 애환이 서려 있기도 하다. 즐겁게 감상해 주시면 더없는 기쁨이겠다.

아름다운 사랑

밝게 빛나라

일기예보에 예측되어 있었다
날짜를 꿰뚫은 소나기가
바닥난 블랙을 몰고 왔다
필연적으로 내리는 빗줄기에서 커피 향이 난다
볕뉘로 채워지는 화이트
행복한 기억 시그니처의
앙상블로 밝게 빛난다

추풍에 낮달이 낸 로드를
갯벌 내음 맡으며 햇빛들이 달린다
해와 달이 랑데부하며
미지의 망망대해에
아롱다롱 새겨지는 글자들
줄기차게 피어오르며
추천에 꽃무지개를 수놓는다

빨간 모자

입동이 무색하게
연지를 잔뜩 바르고
그리움을 곱씹는 장미가 화사하다

철없던 응석받이가
늦게야 철들어 오롯이 꽃 피웠다

발목 잡힌 만추에
시샘을 이겨 내며 노을이 타오른다

지평을 여는 태양이
머리에 씌어 이글거리고
수평선 놓인 입술과
팔목에 낀 끈질긴 생명력의 탯줄을
빨갛게 물들였다

머리에 숯불을 이고
무게를 잴 수 없는 아픔과 상처를 감내한
고독한 반평생
물결이 열어 준 바닷길을
갈매기의 날갯짓 따라 걸으며 섬으로 향한다

늘 웃는

노을에 물들어 파도치는
쭈글쭈글한 고생보따리 풀고
뱃놀이하는 다리미로 다려
수심 가득한 흉터 사라진
행복한 미소 짓는 평탄한 보자기

항적 새겨진 얼굴에
빨간약 바르고 붕대 감고
젖소 등에 업혀 줄넘기하며
스트레스 날리고
맛있는 웃음기 머금은 생크림

틀에 박힌 마음
꿀벌이 드나들며 뜨겁게 달구어
만감 교차하고
바삭하고 꿀맛 나게
만면에 웃음 띤 와플

반달

망나니가 메스 가하는 형장
누명 쓰고 사약 받은
어두운 이면 지닌 반달이
생사의 갈림길에서
죽음을 토해 낸다

단두대로 만든 높은 계단을
햇빛이 기어오르고
달빛이 굴러 내려
그늘이 몸부림친다

만삭된 온달이 둘로 베어져
부분 월식으로 인해
막내가 된 반쪽

덤으로 살고
두 몫을 살아야 하기에
늘 웃는 행복한 반달

반달이 있어 즐거운 뭇별

장미

월삭에 이별해
그늘 드리워진 캄캄한 밤
찬바람 불어 아픈 마디마디를 포개
비밀의 꿈이 피어난다

천진난만한 봄날
백주에 눈부신 햇살이
가시넝쿨 헤치고
순결한 하얀 속살을 드러낸다

정열적인 햇볕에 타
빨갛게 익은 노을빛으로
입술에 립스틱 바르고
홍조 띤 얼굴로 레드 카펫을 밟는다

몸살 난 가시를 빼내고
끊어질 듯한 실밥을 뽑아
생생하게 향기를 풍기는
가을의 아름다운 사랑이여

아름다운 사랑 21

호박

못생긴 생활로 하늘이 노래
기름기 맛본 지 오랜 척박한 땅이
움츠렸던 다섯 손가락이 한마음으로 활짝 펴
별천지를 이루었다

풋내 나는 텃밭에
갈등을 극복하고
탯줄에 달린 애들이 생기가 돈다

칼질하는 세파에
주름이 깊게 파이고 누렇게 떴어도
단단하게 잘 익은
늙은 배를 두드린다

애일 때부터 늙을 때까지
갈고닦은 솜씨를 발휘해
요리한 샐러드와 죽
맛이 다디달다

아름다운 사랑

공황장애

마침표 없는 하늘에 흔적이 남아
되살아나는 잿빛 그림자가
간신히 고개를 내민 호흡을 끊으려
거대한 날개를 펼치고 엄습한다

농장에서 일하던 일손의 상처가 아물기도 전
병상에서 몸부림하는 온몸이 멍들어
하염없이 흘러내린 눈물이 말라붙은
검은 개땅이 꿈틀거린다

땅속에 숨겨진 혹을 찾지 못해
독수리 발톱으로 이곳저곳 할퀴어
깨어난 현실이 고통으로
불안과 공포 속에 빠진다

가위에 눌려 꿈이 식은땀을 흘리고
잠자리가 두려움에 발작하고
악몽이 현실이 되어 전율한다

환골탈태

세내던 단칸방이
세주는 원룸들로 변화해
양육의 밑거름이 되었다

단칸방 가운데를 막은 커튼이
벽들로 바뀌어 뼈대를 이루었다

화성에 불시착한 이방인들이
짐으로 밀린 월세를 대신하고 야반도주해
부피와 무게에 눌려
허리가 휘고
신경을 압박한다

X-ray와 MRI를 찍어 보고
내시경으로 들여다보아도
알 수 없는 한 길 사람 속들

염증과 신경에 메스를 대
플롯 탄탄한 척추로 우화한다

회귀 본능

하늘가 오렌지 향기 나는 녘
도래지에 접었던 날개 편 철새들이
유유상종으로 떼 지어 날며
본능적인 서식지로 향한다

도시에서 전원으로 들어온 철새가
거름 냄새 나는 논밭에서
수두룩한 오천 원짜리 티만 입으며
시골풍 텃새가 되었다

대장 용종 절제술 중 각성으로
텃새의 마취에서 깨어나
날개에 명품 백 메고
진하게 화장해
젊은 시절로 돌아간다

삼삼오오 재잘재잘하던
전원 텃새들의 구설을 잠재우고
본색 노을빛을 찾으며
본모습으로 회귀한다

아름다운 사랑

낙타는 선인장꽃을 피우기 위해

모래바람이 밀어붙여도 꼼짝 않는 낙타는
지친 몸을 사구에 기댔다
삭막한 온도 차를 극복하기 위해
몸부림치며 가시를 삼킨다
태양의 뜨거운 눈총과 길 없는 외로움을 견뎌야 한다
손끝에 요동치는 회오리가 귀를 파고들어
가슴에 새겨진 상처가 아물지 않는다
마른 장작이 사막을 달구며 타들어 간다

사구에 혹을 세워 놓고
웅크리고 있는 낙타
혹에 별빛과 햇빛과 모래가 반짝반짝한다
뱉어 낸 가시가 혹에 돋아
목 내밀어 입 벌려 울고
팔을 뻗어 나팔을 분다

등대의 꿈

하늘이 바다에 흥분을 가라앉혀
해가 꿈에 취해 잠꼬대하고
감몽과 악몽이 넘나드는 파고 따라
부둣가 고깃배들이 엎치락뒤치락하며
만선의 꿈에 부푼다

검은 바다가 코골이 해
가리비 주름이 깊어지고
풍랑이 파고들어 꿈을 할퀴어도
흔들리지 않고 꿋꿋한 등대
낮에 모은 햇빛을 비춘다

미지의 항로를 항해하는 초보
아는 바닷길도 헤매는 길치에게
나아갈 길을 밝혀 주고
산란할 장소를 알려 주는
우뚝 선 길잡이

밤새워 숨넘어가도
어둠을 밝히는 홍경이
등롱에 입맞춤해 등명기를 충전하다

금의환향

취기가 올라 붉어진 석양이
비몽사몽간에 새끼손가락으로 쓴 글자들이
달이 또 분홍색 보따리 쌀까 봐
팔짱 끼고 어깨동무하고
메아리 울리고
오열을 제대로 맞추지 못하던 일이
과거지사가 되었다

먹물 잔뜩 뿌려진 먹구름이
훅 어퍼컷 스트레이트 날려도
숙취 해소된 조양이
정신을 집중하고 갈고닦아
실크로드를 열었다

행복을 잡은 가슴으로 쓴
꽃 만발한 작품들에
실크로드에 늘어선 구경꾼들이
꽃향기에 취해 갈채한다

애꾸눈 오뚝이

하늘의 석양을 받아쓰기하는
화성호 얼굴빛 붉혀도
석포초등학교 일기에
나뭇가지 부러지고 돌멩이 날아
과제를 끝내지 못해
터벅터벅 걷던 늦깎이

바다의 조양을 받아쓰기하는
화성호 하늘이 낯빛 밝혀
왜소하고 깡마른 체구 딛고
마라톤 대회 2위 오른 역전의 초등학생

고속으로 달리는 인생길에
고갯마루가 급브레이크 걸어
엎어진 눈코 찢어져도
바늘구멍 자국 가린
화성여자상업고등학교 애꾸눈

태어나자마자 이별
해님 달님과의 이별
사선으로 꿰맨 심신 극복하고
단번에 우뚝 선 오뚝이

하이힐

높은 언덕에서 미끄럼 타는 달빛이
달동네 그늘을 환히 비쳐 주고
가시밭새우 딱딱거리는 소리 들으려
까치발이 담장 너머를 기웃거린다

뿌리 깊은 단단한 다리가
올려다보는 곳에
키 큰 나무가 맞닿은 이상이
꿈의 나래를 펄럭인다

뾰족구두 신은 풍차가
바람맞은 새끼손가락 돌리며
심폐 소생으로 맥박이 뛰어
파도치는 선풍을 일으킨다

소복이 쌓인 흰 눈이
헛발 디딘 그림자에 새 길을 열고
훌쩍 자란 동백이
정열을 불태우며 화려하게 꽃 피웠다

청바지를 위하여

허리띠 졸라매던 시절로 돌아간 다이어트 노란 단호박 샐러드 빨간 떡볶이 껴입은 청바지 늘였다 줄였다 하는 검은 요요 노란불 경고하며 화살 쏘아 뚫린 배꼽 빨간불 부채질해 풍선 부풀어 터지기 일보 직전 급정지해 숨 돌리는 파란불

무게 들었다 놓았다 둘레 늘였다 줄였다 하는 밀당 배불뚝이 맥주에게 추파질하는 소주 하트에 향수 잔뜩 뿌려 유혹하는 와인 마른안주 살찐 돼지고기 사이 갈등하는 안줏발 젓가락 숟가락의 팽팽한 기싸움 눈에 적신호 들어와 STOP

허기 극복한 포만 인스턴트 즉시 퇴출 해에 빨간불 켜진 후 군것질 NO 고기 야채 월남쌈 싸 먹는 먹부심 높은 이상 바라보는 맵시 먹방 즐기며 스쾃

찜

분위기 푸르락누르락한 앞마당에
소주 병나발 분 대추나무가 만취해
대추 한 알 낯이 붉어
이성에 눈 떠 찜해 놓았다

만발한 꽃이 지도록
반지하 개미집 벗어나려고
바쁘게 일만 하는 개미가
실오라기 허리 끊어지도록
제 몸무게만 한 컴프레서를 들었다 놓았다 한다

에어컨의 공기 정화로
따사로운 햇빛에 말라
대추가 새빨갛고 쭈글쭈글해져도
나이를 압축한 컴프레서의 힘으로
청춘이 다시 피어난다

다섯 칸 스팀 찜기에
칸마다 에피소드 간직하고 자리 잡은
살코기 코다리 고등어 아귀 야채를
나이로 양념한 찜이 맛깔스럽다

물고기와 놀기

사차원 벽으로 막힌 물속에 빠져
헤어날 길 없어 허우적거리다
공황장애 겪으며 숨넘어가기 직전
키싱구라미에게 인공호흡 받기

공기도 질식하는 모진 세상에서
해코지와 돌팔매로 아물 날 없는 상처투성이를
닥터피시에게 치료받기

늘 혼자여서 외롭고 우울할 때
엔젤피시에게 위로받기

먹구름 드리우고 천둥 번개 쳐 아프고 힘들면
베타에게 힘 얻어 싸워 이기기

저기압으로 꿀꿀하고
갈등으로 신경질 나고 스트레스 쌓일 때
디스커스와 화사하게 화장하고 치장하기

쳇바퀴로 제자리걸음하고 슬럼프에 빠질 때
구피와 활발하고 유려하게 헤엄치며
화려한 다작으로 대중에게 관심과 사랑 받기

개미와 베짱이

깡마른 바람 등지고
시간을 쏜살같이 뛴 스프린터
왜소한 길을
오랜 세월 달려온 마라토너
하이힐 신고
수많은 장애물 뛰어넘은 허들러

도돌이표 붙은 쳇바퀴에서
스프린터였기에 뛰며
쉼표 없는 집안일하는
개미의 지옥

신호등이 바뀌어
지휘를 멈추고
뛰지 않는 육상 선수
아름다움을 사랑하며
느릿느릿 걷는 베짱이

아름다운 사랑

꽃놀이

냄비 바닥 시꺼메진 어둠에
겨울잠 자던 봄 움트며
꽃노을 핀다

시든 숯에 부채질해
불씨 살려
불꽃 피어오른다

메마른 기운으로
타들어 가는 가슴에
꽃비 내려
꽃신 신고 꽃길 걷는다

꽃봉오리 터진 축화를
화병에 꽃꽂이해
꽃 잔치 한다

만발한 꽃동산에
꽃구경하는 꽃중년
웃음꽃 핀다

아름다운 사랑

초록동색

금실지락

해와 달이 외로워 낮과 밤이 우울하고
파도가 한숨을 몰아쉬어도
이물과 고물이 떨어지지 않고
곁을 지키는 두 배에서
거문고 타는 소리가 난다

도서관이 졸음을 못 이기고
버스가 큰 소리를 치고
호프집이 이별해도
해후를 거스르지 못하는 운명이다

격랑 속에서 조타하며
양망기로 걷어 올린 그물에 갇힌
빠끔빠끔하는 금린옥척에서
맛있는 캡슐 커피의 향기가 난다

손수 제작한
하이힐 신은 이젤에 놓인 두 배가
물때를 기다리며 출항할 태세다

붕어빵

활활 타오르는 시련이
틀을 뜨겁게 달구어
부풀어 오른 배
질식하기 직전
해산의 고통을 맛본다

새까매진 아랫목
타 버린 핏덩이
불씨를 되살려
대를 이어 찍어 낸다

상하 맞춤으로 빼다 박은
남매 형제 냄새가 같다
크든 작든 나누는 띠앗이 좋다

틀에 박힌
마음속과 겉모습 타기 전
틀을 벗어난
노릇노릇함이 맛깔스럽다

초록동색 55

사랑하는

조양을 우안에 석양을 좌안에 담는 하루하루
애꾸눈 태양이 조리개 열었다 닫았다
팬터마임 공연하며 사진 찍기
독백하는 커피숍
크림빵에게 카페라테 먹이고
표정 연기하며 셀카 찍기

등대가 꿈꾸는 항
썰물 타고 셀프 유배된 섬에 갔다
밀물 타고 돌아오기

빈자리가 물고기 기르고
선인장꽃 피도록 화초 가꾸는 전원주택
고양이에게 하이힐 신기고
무대 연출하는 DIY
노트북에게 맥주 먹이고
인생사 소환하는 글쓰기

무엇보다 두 아들

머리 받침 없는 의자

차가운 하늘과 더운 바다가 섞인
갈 곳 없는 눈밭에
눈송이를 재단한 하얀 원피스 입은
무심한 의자가
과거에 박혀 붙박이가 되어 있다

기억을 상실한 의자가
논밭에서 햇볕에 그을려 검어지고
찢어지는 가난에 가늘어진
팔다리로 마른 몸을 지탱하고 있다

죽음을 분만해
배가 쑥 꺼진 채
눈 녹듯 사라진 기억들을
하얘진 머릿속에 떠올리려
팔걸이에 두 팔을 늘어뜨려 의지하고
얼음장 같은 고통과 싸우며 애쓰고 있다

페이지

오늘도 일몰에
이별의 아픔이 어김없이 찾아왔어요
사무치는 그리움에 석양의
눈동자가 붉게 충혈되었어요
눈동자가 생명선에 잠길수록
갯벌에 죽음의 검은 그림자가 엄습해
공포로 나는

당신과 함께했던 은행나무 숲으로 도피했어요
나에게 당신은
그렇게 든든하고 멋진 존재였어요
가을이 되어 낙엽이 지고
당신과 같이했던 페이지들 사이에 끼운
해 지난 갈색 낙엽이 그리움을 더하지만

당신과의 추억이 서린 자리에서 나는
햇살을 받아
밝게 빛나고 있어요

냉온탕

가지 많은 나무에
애환 서린 질곡의 삶

지옥에서 천당으로
죽었다 살아나는
가을 겨울 봄 여름 그리고
낙엽 눈밭 꽃밭 열대야 영혼들

땅과 하늘 사이
어깨에 짊어진 무지개가
절망과 희망의 줄넘기한다

은밀한 이야기가 숨겨진 지하 창고
때 끼고 구겨진 기사들의 속내를 알 수 없는
철 지난 신문지에 말린
죽음에 이르는 병이 차다

행복한 막걸리 한잔의
텁텁한 마지막 소원이 허공에 잠들었다

차가운 냉기 뒤에
따뜻한 온기가 남아 있다

익숙한 소리

동에서 번개가 번쩍하고 서에서 천둥소리 울려 퍼져 새벽의 고막을
찢는다

시위를 놓은 빗줄기가 거미줄 친 창문을 두드리는 소리에 아침이
꼬르륵 소리 낸다

밑바닥 구멍 때운 냄비에서 나는
수제비 칼국수 펄펄 끓는 소리에 별이 입맛 다시고
편식에게 감자는 덤이다

햇볕이 쨍쨍 내리쬐어 목장에 풀들이 살아나
젖소가 우렁차게 음매 웃는 소리에 낮잠 자는 오후가 깨어난다

찌그러진 양은 주전자가 따른 막걸리를
양은 잔이 꿀꺽꿀꺽 마시며 내는 텁텁한 소리에
밑바닥 누빈 밀대가 쉼을 얻는다

코다리가 전장에서 피 맛 보고
자판 두드리는 소리에 추억 여행을 하며
불면증도 잠든 한밤중
사모하는 님의 큰 소리에 현실이 꿈에서 벌떡 깬다

생선 비린내

생선 피로 물들여진 빨간 대야 안에
해진 생활에 비늘을 덧대어 기운 삶이
들숨과 날숨을 가쁘게 쉬며
풀칠하는 입에 미끼를 물고
발버둥질하며 퍼덕인다

마을 곳곳으로 팔러 다니며
머리에 인
일곱 빛깔 무지개가 꿈꾸는 단칸방의
생선이 상할수록
기운 삶에서 강한 비린내가 난다

태어나자마자 사별해
딱지가 진 외로움에 뒤를 밟은 혼자에게
빨간 대야가 팔매질한
돌멩이 맞아 난 상처에
흉터가 또 남아
썩은 비린내가 진동한다

기억의 넓은 뜰

그리운 추억 서린 가슴 품은 넓은 뜰에
기억 잃은 방랑객을
반가이 맞이하는 주인장 얼굴에 변치 않은 미소가 감돈다

장독들에 햇빛이 부서지며 발효된 장들의 냄새가
잊힌 입맛에 군침 돌게 한다

순수한 바람과 이슬이 빚은 채소들이
한 상에 옹기종기 모여 도란도란하고
고등어 명태 홍어 게 오리 돼지 소가
건강한 재료들로 살판나게 조리하며
맛깔스러운 냄새로 요리 대결 펼치고
보리밭에서 농익은 굴비에
주인장의 온정과 향기가 풍긴다

낯선 남이 낯익은 우리가 되는
마음이 너른 명인의 넓은 뜰에
잊지 못할 추억과 기억이 숙성된다

아픈 손가락에 발목 잡힌
엄마의 온기와 흔적 서린 넓은 뜰
그리움이 가슴속 깊이 여울진다

상영 중

〈예고편〉
부푼 공기에 갇힌
눈먼 어둠에 길이 없어
외면당한 미성숙한 삶이
끈질긴 해코지와 사투하며 순탄치 않다

〈빛바랜 필름〉
강파른 물결이 치는 계단을
두문불출하는 골방을 짊어지고
힘들게 오르다 굴러떨어져
세월에 상처 나고 멍이 든
여자의 일생

〈엔딩 크레딧〉
시간의 컷 사인에
수수께끼로 남은 생사고락

〈쿠키 영상〉
죽음의 문턱을 넘어선
신예가 각본을 새로 쓰며
시즌 2가 예고된다

화성목장 가는 길

해와 달이 숨바꼭질하는
하늘 맞닿은 길목

달빛 삼킨 하울링에
막차가 문 두드릴 새 없이 줄행랑친 오솔길

사시나무 벌벌 떨어
그림자 감춘 어둠에 산길 헤매도
길 안내하는 생선 냄새 막걸리 냄새

우산 쓴 겉옷이
꿈길을 종종걸음 친다

들개가 밤새우는 산속
늑대가 엿보는 창고
새끼 노리는 위험이 도사린 곳

술래가 새벽을 뜸 들이고
아침이 숨은 그림을 찾아내어
젖소 울음소리 들린다

이소

난산으로 별똥별 하나 떨어진 목초지에
막차 타고 기사회생한 꼬리가 배냇짓해
완전체를 이룬 북두칠성이
한 국자 속에서 해진 삶을 꿰맨다

별들을 삼키는 도시로 날아들어
찌든 마음을 피땀으로 청소하며
햇볕이 검은 두루마기 입는 바라지를 통해
한숨 내쉬는 앞마당의
대추나무에 맺힌 붉은 달을 바라본다

두 큰 별과 삼성을 형성한
작은 별이 모은 별똥별로
햇볕이 세마포 입는 빌라 3층에서
지친 삶에 마음의 평온을 얻고
영원한 안식처로 귀소한다

해돋이로 막이 오른
한 편의 꿈처럼 운명적인 전원주택에서
이소 하기 위한 날갯짓으로
새벽을 밝히며 샛별이 빛난다

아궁이

화성호 저녁놀이 불같은 성질로
허기진 입 크게 벌린 아궁이에 불 지펴
아랫목 장판을 검누렇게 그을리며
아옹다옹하고 고단했던 하루를 잠재운다

알맹이는 없고 껍데기만 있는 살림에
아궁이 속 밤송이가 불타는 잠자리에
가시 돋친 손길이 등 긁어 주어
불면증이 소록소록 잠든다

한숨 가득한 가슴이 타들어 가
장작이 까맣게 돼 버린 숯에 익힌
군고구마를 잠결에 맛보며
새우잠이 꿀잠을 잔다

홧김에 신발이 재가 되어
굴뚝에서 피어오르는 연기가 둔갑한
구름이 맨발로 걸으며
석포리의 밤이 깊어 간다

오 남매

폭설과 강풍으로
돌아오지 못할 결항 후
바람 멎어 눈이 눈물 되었다

아궁이에 멍울 넣고
반창 사라지게 불 때도
구안괘사 걸린 뜬눈엔
지워지지 않은 눈물 자국 남고
을씨년스러운 섣달
오 남매 얼굴엔 멍 자국 짙다

상흔이 아물지 않아도
온기 굽는 세밑
띠앗 지지는 단칸에
느영 나영* 함께한 오 남매
신맛 줄고
단맛 더하다

* '너랑 나랑' 제주 방언

오 남매 2

신발이 재가 되어
맨발로 뛰어나온 오 남매
생명선에 일렬로 서서
간밤에 밀물 없는 바다 건너 떠난
어미 새 그리워한다

농장에서 젖을 짜 먹이던 아빠 새와
술안주 삼기 위해 해마다 떨어지는 은행을 줍지 못한 지 오래고
가죽피리 소리 들은 지 더더욱 오래고

거센 파도 헤치며 물고기 잡고
논에서 곡식 물어
끼니 거르지 않게 하던 어미 새에게 남긴
간장게장 냄새가 빈자리에서 맴돈다

죽어야 죽는 가족력 뿌리 뽑으려
털갈이하는
나이테 수십 개 생겨도
어린아이같이 철들지 않는

아빠 새 어미 새가 물려준 제일 큰 유산
빈자리 채워 함께하며 서로 따뜻한 스웨터 입히는 오 남매

초록동색

일찌감치 교과서 덮고 일터에서 페이지 채워 나가며
희생의 기둥이 된 애어른
고추장 된장 간장에서 숙성된 맛이 나
진정한 인생의 교과서 되었네

힘든 세상 등지고 독방에 갇혀
왕 노릇 하던 천진난만한 애어른
병든 내리사랑에 뒤늦게 철들어
보이지 않는 벽 박차고 나와
지극정성으로 간병하며
보은의 귀감이 되었네

뱃속 빈 가난보다 더한
머릿속 텅 비게 하는 암으로
민머리 되어도 굴하지 않고
맨발의 투혼으로 이겨 내며
노후 준비하는 철의 여인이 되었네

어디서든 바람을 앞질러 나타나
응급 환자 구조하는 라이더
대를 이어 아름다운 세상 가꾸며 운전하는
자랑스러운 모범이 되었네

초록동색 83

줄기

허공에 헛발을 디뎌
뿌리를 잃은 줄기가
몸이 야위었다

물배로 지탱하고
잔바람에도
가녀린 마음이 흔들린다

주경야독하는
바람 앞의 등불이
상심한 시간들을 태운다

아무리 몸부림해도
다리를 다쳐
발버둥 칠 수 없다

목발을 짚고
맨발로 버티며
새순이 돋아난다

요거트와 견과류

꿈

해거름
구름이 탈을 쓰고
수평선이 문을 연다

물구나무선 이정표에
제멋대로 난도질한 콜라주
숨넘어가는 데칼코마니
연기로 휩싸인 홀로코스트
태양이 달거리한다

귀먹은 노래 눈먼 징조가
가스라이팅해
사차원이 모자이크되어
혼돈에 빠져든다

요거트와 견과류

꿈을 낚는 아이

하나 둘 셋 세던 별이 잠든
하늘과 육지를 연결한 바다에
수평선과 지평선을 이은
생명선을 던져 별을 낚는다

단칸방에서 가난을 부둥켜안고 자며
자기 방 갖기를 소원하던 아이가
마음속에 방을 만들어
꿈과 현실을 넘나드는 경계에서
괴리를 좁히며 꿈을 낚는다

혹 난 바다가 울고불고해
물결이 새겨진 모래사장에
늘 혼자이던 아이가
외로운 바다를 벗 삼아
오색 무지개를 꿈꾸며
꿈이 현실이 되기를
생명선을 놓지 않고 소망한다

외길의 향기

아무나 가지 않는 외길을 걸으며
반평생 멘 가방이 남루해
구멍 나고 찢어졌어도
한결같이 그림자가 뒤따른다

혀와 손가락이 난도질하고
동전을 던지고
대형 트럭이 들이받아도
변함없이 외길을 달린다

겉멋 부리지 않고
순박한 내면을 간직한 채
낡고 해져도 아랑곳없이 이타적인
고고한 철학자

초연한 외길에
광채가 나고
나이팅게일 노랫소리가 들리고
거룩한 향기가 풍긴다

내 꿈은 바닷가 살기

바닷가에 해와 달이 박자를 맞춰
소라가 파도 소리 울리고
파도 따라 갈매기 날갯짓하며 꿈꿔
노을빛 일렁이는 윤슬에 눈이 반짝인다

피아노를 연주하는 파도가
발자취를 지우며 안식을 얻는 바닷가
오두막에 갯벌 내음 풍기며
지치고 찌든 삶이 단잠에 취한다

꿈속을 헤매던 해무가 걷히고
수평선 너머의 꿈을 가득 채우고
뱃고동 울리는 만선이
바닷가에 닻을 내린다

해풍에 잠이 깬 조개가
기지개를 켜며 하품하는 바닷가
등댓불 따라
물비늘을 걸으며 꿈을 찾는다

운두

눈꺼풀 깜빡인 만큼 지나온 시간 속
눈동자 지고 뜨는 수평선에서
딱풀에 붙여 겹으로 건져 올린 생생한 가로를
세로로 썰어 넓은 쟁반에 올린
신선함이 자연스럽다

젖소가 풀 뜯어 먹는 촌에서
높은 냄비에 끓이는
소담스러움에 온기가 가득하다
황소가 실어 나른 채소들을
둥근 달에 쌈 싸 먹는 동안
끓는 죽에 화기애애한 분위기 물씬하다

출입문 닫혀 바람과 함께 사라진 고향에서
장맛을 안 멍게가 밥도둑이 되고
감자칩이 꿀맛에 홀려 넘보는 사이
낮고 좁은 접시에 쌓인 야채샐러드에서
남풍이 실어 온 향기가 난다

요거트와 견과류

동서남북

화장은 햇살로 치장은 그림자로
겉치레는 넘치는 애교로
대접 고봉밥에 양푼 가득 김치 즐기며
밥 사 주기 좋아하고 세심하게 챙겨 주는
속치레 향기 나는 진국

외통수 걸린 어둠 속에서도
반짝반짝 빛나는 사포닌
막다른 골목에 길 내어
바닥 드러난 그릇에 즐거이 리필해 주고
어깨춤으로 맛 요리하는 분홍빛

전학과 전학 사이의 타임캡슐
옆집에 MSG이던 정 꼬들꼬들하고
빈자리 채우던 그리움 속
꿈에서 현실로 튀어나온
잃어버린 시간 채워 나가는 구슬

배움의 안경 너머로 속셈하던
세상에서 페달 밟으며
다소곳이 두 손 모아
새내기 키 키우는 길잡이

십인십색

흑백논리 뚜렷해 싸우다가
때가 되니 서로 물러서는 밤낮
회색 테이블에 자리한
도수 다른 맥주 막걸리 와인 소주가
술기운이 올라 건배한다
흰 접시에 색깔 다른 야채들이
살갑게 동주한다
검은 냄비에 담긴 육수에
성질 다른 재료들을 데친
성질 죽은 맛이 부드럽다
성격 차이 나도
어깨 맞대고 하모니를 이루어
샤부샤부 풍미가 더하다

요거트와 견과류

아침 공복이
밤사이 만삭이 출산해 푹 꺼져 허기진 배와
오버랩된다

화성목장 젖소에서 짠 우유가
오랜 세월 동안 발효된 요거트에 섞인
다사다난한 견과류가
지난했던 시절을 되새김한다

빗장을 연 각양각색 견과류가
원만하게 농축된 요거트에
매료되어 푹 빠졌다

싸 준 반찬들의 냄새가 사라질 때까지
창문 넘어 그림자가 손짓한다
싸 들고 온 열무 청국장 삼계탕이
어우러져 살맛난다

과거를 딛고
이젤에 놓은 등대의 꿈이 이루어져
미래가 찾아온다

우정의 전원주택

눈 비빈 햇빛이 창문 열어 꿈결의 새벽잠 깨우고
몽롱한 달빛이 거실에 누워 졸린 저녁잠 재워
비몽사몽간 명암이 바뀌는

살찐 흰 고양이 게으름 피우고
새끼 고양이 쥐잡기 훈련하고
어항 속 물고기 꼬리 살랑이며
미팅 날짜 손꼽아 기다리는

아침에 라면 냄새 저녁에 고기 족발 치킨 맥주 냄새
견과류 다이어트 유혹하는

정신 바짝 차린 노트북 과거로 돌아가 추억 되살리는

오솔길은 홀로 외로움 달래고
논밭은 농사일에 바쁜

논길 지나
구멍가게가 군것질하며 주거니 받거니 하고
커피숍이 커피와 빵으로 요기하는

누구 할 것 없이 부르면 즉시 한달음에 달려가는

옹기종기

밀썰물 따라 시간이 오가는 삶터
조개무지에 옛이야기 서리어 있다
사돈의 팔촌이 모여
바람에 흘러가 버릴 잡담으로
한가로움을 즐긴다
썰물에 가 버린
생전의 모습을 그리워하기도 하고
생사고락을 같이했던
둥지의 정감을 회상하기도 한다
새우깡으로 배고픔을 달래던 시절을 추억하고
만선의 새우잡이 배를 고대한다
배수진을 친
외진 고향 땅에 함께 모여
체온을 나누며
도란도란함을 즐긴다

커피숍의 해후

숨넘어가는 깔딱고개에 부딪혀
찢어진 피투성이 마상을
사선으로 꿰매어 온 삼십 년
눈 뜨고 코 베이는 험한 바닥에 엎어진
장난꾸러기의 상처를
따뜻한 입김과 약손으로 어루만져 주고
세월의 약 발라 말끔하게 치료된
눈으로 살피고 코로 냄새 맡아 찾은
여고 동창생의 도심 커피숍
부지런히 살아온 벌들이 만든
와플 맛이 꿀맛이다

농한기 농번기 밀고 당기기 하고
사색과 수다가 실뜨기하는
시골 마을의 단골 커피숍
텅 빈 뱃속에 밥값 채워 주어
꿀꿀거리는 돼지 저금통에서
곱창 냄새 새록새록 난다
잊힌 곱창집 언니에게서
이십 년 된 시든 꽃을
화분에 심어 준 향기가 난다

새해 해돋이

썰물이 묵은해를 쓸고 가고
밀물이 새해를 몰고 온다

가슴 때리는 격랑으로
검게 멍든 물마루 딛고 올라서는
대망의 해가 상기되어 있다

해산을 시샘하는
흑심 품은 먹구름이 바리케이드 쳐도
열정을 불태우며 장애물 헤치고
첫걸음을 내딛는다

수면 위로 힘차게 튀어 오른 고래가
바다 깊숙이 빠졌던 숨을 내뿜어
아픈 손가락과 발목의 상처로 흐르는
노을을 씻어 낸다

헛도는 쳇바퀴에서 벗어나
찬란한 햇살을 쏟아 내며
드넓은 하늘로 도약한다

요거트와 견과류 111

갈매기와 춤을

시간이 전조하니
해의 흥분이 고조되어
물낯에 쉼표 찍은 갈매기들이
단소를 날며 가야금을 탄다

음표가 된 갈매기들이
12현과 25현을 번갈아
산조를 연주하고
끼루룩 끼루룩 병창한다

석양과 구름이 혼재해
얽히고설킨 파노라마를 배경으로
물결의 연주와 앙상블을 이루어
덩실덩실 어깨춤을 춘다

찌든 고민과 상처를
지는 저녁놀에 태워 버리고
떠오르는 아침놀을 기약하며
날갯짓하며 춤춘다

소라 껍데기

심장이 개펄에 묻힌 소라
파열된 귀에 숨이 멈추어
파도 소리가 들리지 않는다

총성이 멎고서
상흔이 풍화된 껍데기
아픔도 메말랐다

벌거숭이로 가무하는 오르골
회전할 때마다 뇌리를 스치는
적나라한 데자뷔
생사기로를 헤매었다

고온 다습한 항에
밀물로 왔다 썰물로 가는 목숨
잔해만 남은 외톨이
꿈이 사라졌다

갈매기가 실어 나르는 하루
붉은 외눈박이가
핏물 난무하는 바다에 잠든다

요거트와 견과류

노을은 먹구름을 극복하고

밀물과 썰물이 모래사장에 수놓은
조개껍데기 자수에
운명의 시간이 서리어 있다

화력발전소에서 포를 쏘아
죽음의 연기에 휩싸인 평화
새우잡이 하던 갈매기들이
삶의 터전을 버리고 사라졌다

거북 등을 진
생명이 넘나드는 전선에
생사를 알 수 없는 석양이 사투를 벌여
하늘을 뒤덮은 먹구름이 피로 물들며
노을이 퍼진다

노을 진 바닷물이 밀려와
와인 잔에 담기고
화톳불이 춤추며 개가를 부른다

첫눈에 반한

어둠을 마름질한 상복 입은 등대는
밤새 공중에 서서 눈을 밝히고
떠난 님을 그리워한다

종일 무거운 공기를 들어 올리느라 지친 기중기는
수평선과 어깨동무하고
하늘과 바다의 경계가 사라지길 기대한다

달이 바닷물을 먹어 치울 때까지
눈치채지 못한 새우잡이 배는
갯벌의 늪에 빠져
달이 바닷물을 토해 내길 고대한다

물때에 밀려 부둣가에 턱을 괸 통통배는
하얀 드레스로 치장하고
인기척이 들리길 갈망한다

댓바람에 마라톤 뛰던 눈길은
어둔 발자국을 지우고
새로운 인적을 기다린다

골목 누아르

햇볕과 그늘이 엎치락뒤치락하고
애환의 각질 쌓인 나이 먹은 골목
오십 년 때를 벗기지 않아 살이 튼
보도블록이 또각또각 소음 울리고
첨망하는 하이힐 굽이 닳아
기울어진 뜬눈이 기웃거린다
주차장에 수리하지 못한 미련이
오토바이에게 납치된 정비공을 기다리고
새빨간 거짓말로 만든 햄과 소시지를 끓인
부대찌개에서 피눈물이 난다
마피아에게 강도질당해 빈 수레가 탈선한
철길엔 잡초들이 끈질기게 고개를 내밀고
상복 입은 소녀의 심장이 두 쪽 난
새빨간 사랑이 쓰레기통에 던져진다
어두워진 후엔 머물지 말라는 경고문
낡은 전선들이 목을 졸라맬 기세고
골목에는 어둠의 뒤태만 남는다

우화

백미러에 비치지 않는
군침 삼키는 속내에
인면수심 숨긴 늑대가
클로버 동산에 놀러 가자는 유혹에
친척 집 가다가
귀 쫑긋 세우지 않아
시침 두 바퀴 돌려
바람도 헤매는 미로에 버려도
길 찾아가는 어린 토끼

모들뜨기 거리
뒷짐 진 경찰서 앞
군침 질질 흘리는
묻지 마 병 걸린 광견이 물어
세상이 광란의 질주를 하는
차도로 도망친 소녀 토끼

개 조심

요거트와 견과류 123

에피소드

시분초가 멈춰 선 순간
운명의 문이 열려
아무도 모르는 일이 벌어졌다

혼자 외로이 감내해야 했던
봉합했던 실밥을 뽑아
말하지 못한 비밀이
과거의 창에서 새어 나온다

가슴에 묻어 두었던
타임캡슐을 개봉하니
나이 먹은 시간들의 기억이 생생하다

좋고 나쁨을 떠나
오늘이 있기까지
필연적인 연결 고리가 되었다

부정을 긍정으로 바꾸는
새로운 필연이
꿈꾸는 미래를 기약한다

요거트와 견과류

시집 해설

비극 너머 긍정의 에토스

민은숙(시인, 칼럼니스트)

  시와 산문의 경계를 넘나드는 언어와 차가운 현실에 불어넣는 온기로 독자의 공감을 자아내는 김명석 작가는 시와 소설, 수필 장르에서 등단했다. 하이브리드 시어를 바탕으로 시, 소설, 수필, 기행문까지 문학 전반을 아우르며 작가 정신을 왕성하게 보여 주고 있다.
  사진에 남다른 감각을 가진 추미애 작가는 밀리의 서재로 먼저 독자들의 열렬한 호응을 얻고, 이어 수필가로 등단한 후 처녀작을 출간한 문단의 기대주이다.
  두 사람의 특별한 작품인 『미애』는 인간의 정신이 고통과 상실, 결핍의 시간을 통과하여 마침내 사랑과 창조, 존엄의 영역으로 나아가는 과정을 시와 사진의 협업으로 펼쳐 낸다. 특히 니체의 인간 정신의 3단계 변형 이론이기도 한 낙타-사자-아이의 전개를 내면화하여, 고통을 수용하는 존재에서 자기를 창조하는 존재로 변모하는 과정을 서사적으로 진술한다. 삶의 비극적 일련의 암벽들을 회피하지 않고 직면함으로써 그 고통 자체를 정신의 양분으로 전환을 꾀하는 시편들은 자기 극복을 통한 자유의 정신이 무엇인지 정묘하게 사유하고 있다.

1. 고통을 수용한 인내의 상징

　문학에서 고통과 결핍은 단순히 극복해야 하는 장애물이 아니다. 이는 인간 정신의 성숙과 창조적 변형을 이끄는 데 필연적인 조건으로 수렴한다. 문학적 주체는 현실의 고난을 외면하지 않고 이를 자기 성찰과 성장의 토대로 삼는 과정과 맞닿아 있는데, 이런 맥락에서 본 시인의 시편들은 고통을 삶의 본질적 일부로 수용하고, 그곳에서 새로운 의미와 가치를 창조하려는 시적 태도로 일관한다.

　시인은 인간 존재가 짊어진 보편적 경험을 니체의 상징인 '낙타'를 통해 구현하고자 한다. 낙타는 뜨겁고도 무미건조한 사막과 같은 현실 속에서 묵묵히 짐을 견디는 존재이다. 이는 사회적 규범과 의무, 타자의 시선이라는 외부의 짐을 등에 진 인간의 초상이다. 「호박」, 「등대의 꿈」, 「외길의 향기」 등의 시편들을 보면 고통스러운 상처를 직면하는 주체의 자세를 통해 삶에서 마주친 숙명적 고난을 감내한다. 시적 화자는 수동적 과거에 대한 자책이 아니라 현재의 삶에 작용한 내면적 성숙의 자양분임을 환기한다.

　　아무나 가지 않는 외길을 걸으며
　　반평생 멘 가방이 남루해
　　구멍 나고 찢어졌어도
　　한결같이 그림자가 뒤따른다

　　혀와 손가락이 난도질하고
　　동전을 던지고

대형 트럭이 들이받아도
변함없이 외길을 달린다

겉멋 부리지 않고
순박한 내면을 간직한 채
낡고 해져도 아랑곳없이 이타적인
고고한 철학자

　　－「외길의 향기」 부분

　시인은 흔들리지 않는 철학을 통하여 실존적 고통인 핍박과 황폐 속에서도 자신만의 꿈과 철학을 추구하는 자세를 견지한다. 세속적인 가치와는 다른 길을 선택하는 존재의 초월로 경계를 넘어서고, 인간의 의지와 상상력으로 현실의 한계를 극복하고자 하는 여정을 초지일관한 자세로 이어 간다. 한눈팔지 않은 단단함은 풍화에 닳았다 해도 안에서 차오르는 빛으로 빛날 수밖에 없다.

　시인의 낙타는 사막의 척박함과 외로움 그리고 가시를 삼키는 고통 속에서도 희망과 성취의 상징인 선인장꽃을 피우려는 인내의 메타포이다. 이는 고독 속에서 꿋꿋이 나아가는 주체의 삶을 비유하며, 과거의 무거운 짐이 현재의 문학적 성장의 토대가 되었음이 텍스트의 심층 분석을 통해 점진적으로 드러난다.

　김명석 시인은 다양한 상징적 존재들을 통해 이러한 인내의 자세를 더욱 구체화한다. '개미'는 쉼 없는 반복 노동의 쳇바퀴에서 벗어나지 못하는 일상과 근면 속에 갇힌 존재의 아이러니를 통해 삶의 부조리한 단면을 드러낸다.

쉼표 없는 집안일하는
개미의 지옥

신호등이 바뀌어
지휘를 멈추고
뛰지 않는 육상 선수

- 「개미와 베짱이」 부분

'의자'는 과거의 상처와 가난, 상실을 안고 차가운 현실과 싸우면서도 존재를 유지하려는 자세는 오롯하나, 외부 세계의 억압으로 위축된 내면을 가진 시적 자아가 자신의 역량을 충분히 발휘하지 못함을 반영한다.

눈송이를 재단한 하얀 원피스 입은
무심한 의자가
과거에 박혀 붙박이가 되어 있다

- 「머리 받침 없는 의자」 부분

'오 남매'는 지독한 가난과 부모의 죽음이 불러온 상실 속에서도 서로를 지켜 낸 연대와 존엄을 구현한다. 이러한 시와 이미지들은 고통의 실체를 투명하게 제시하면서도 존재론적 질문을 던지는 것 또한 잊지 않는다. 시인은 현실의 결핍을 부정하거나 망각하지 않고, 그것을 삶의 긴장 속에서 긍정의 에너지로 변환한 미래란 희망의 징검다리를 슬쩍 놓는다. 짙은 멍 자국이라도 단맛이 더한 세월이 누적되면 옅어질 것을 암시한다.

아궁이에 멍울 넣고
반창 사라지게 불 때도
구안괘사 걸린 뜬눈엔
지워지지 않은 눈물 자국 남고
을씨년스러운 섣달
오 남매 얼굴엔 멍 자국 짙다

상흔이 아물지 않아도
온기 굽는 세밑
띠앗 지지는 단칸에
느영 나영* 함께한 오 남매
신맛 줄고
단맛 더하다

- 「오 남매」 부분

2. 자기 주체로의 각성

낙타가 외부 세계가 얹은 짐을 모두 벗는 순간 인간은 사자의 시선을 갖게 된다. 이는 더 이상 타자의 기대에 정의되지 않고, 자기 내면의 목소리에 따라 살아가고자 하는 주체적 각성의 단계에 이른다. 『미애』 시편을 보면 '애꾸눈'이라는 독특한 상에 이 사자의 정신이 투영돼 있음을 발견할 수 있다. 이는 삶을 조준하는 한 쌍의 눈이 아닌 외눈으로 오감을 한 눈에 집중한 표면적인 힘과 태어나자마자 이별한 수면 아래에 숨은 반쪽인 쌍둥이 동생의 힘이 농축된 중층의 창조적 에너지를 발산한다.

고속으로 달리는 인생길에
고갯마루가 급브레이크 걸어
엎어진 눈코 찢어져도
바늘구멍 자국 가린
화성여자상업고등학교 애꾸눈

태어나자마자 이별
해님 달님과의 이별
사선으로 꿰맨 심신 극복하고
단번에 우뚝 선 오뚝이

- 「애꾸눈 오뚝이」 부분

'애꾸눈'은 결핍된 시야를 자처하여 더욱 명료한 통찰을 얻는 시적 주체이다. 시적 대상을 정확하게 직시하고자 불필요한 시각적 오류를 차단한 비가시 영역을 꾀한 모종의 힘이다. 시적 주체는 고통을 회피하지 않고, 오히려 그 한계에 몰입하는 의지를 통해 운명에 순응한다. 이로써 시인은 '힘에의 의지'를 실현하는 인간상을 제시한다. 이는 니체가 말한 '운명애(Amor Fati)'의 자세와도 일맥상통하여 삶에서 어쩔 수 없이 통과한 비극을 긍정하고 소화한다. 그 속에서 흘려보내지 않고 낚아챈 의미를 재창조하는 태도가 낳은 자기를 벼리는 날들은 창조의 불꽃을 점화하는 동력으로 작동한다.

3. 변화와 성장으로 재탄생

　고통을 딛고 일어선 자는 마침내 새로운 가치를 창조하는 존재로 진화한다. 시편에 등장하는 '오뚝이'는 이러한 회복 탄력성과 창조적 전복의 정신을 함축한 형상이라고 볼 수 있다. 오뚝이는 쓰러질 때마다 다시 일어서는 뚝심을 품은 존재이다. 이는 재기의 상징으로, 불굴의 의지인 전화위복을 넘어 예술로 승화하는 창조적 정신력을 일깨운다.
　내면적 성장을 위한 고난은 성찰과 초월의 기회를 맞는다. 「환골탈태」는 공간의 변화와 척추의 변신을 통해 내면을 무장한 서사로 주체의 변화된 모습을 보여 준다. 단칸방에서 원룸으로, 커튼에서 벽으로, 플롯 탄탄한 척추로 삶의 구조적인 무게를 벗어난 내면적 변모가 눈부시다. 삶의 무게를 견딘 환골탈태로 재탄생한 존재는 자기 극복을 이뤄 낸 아름답고 고귀한 인간 정신의 모습이다.

　　세내던 단칸방이
　　세주는 원룸들로 변화해
　　양육의 밑거름이 되었다

　　단칸방 가운데를 막은 커튼이
　　벽들로 바뀌어 뼈대를 이루었다

　　화성에 불시착한 이방인들이
　　짐으로 밀린 월세를 대신하고 야반도주해
　　부피와 무게에 눌려

허리가 휘고
신경을 압박한다

X-ray와 MRI를 찍어 보고
내시경으로 들여다보아도
알 수 없는 한 길 사람 속들

염증과 신경에 메스를 대
플롯 탄탄한 척추로 우화한다

   -「환골탈태」전문

  위 시편의 '양육'은 기르고 보살핀다는 의미로 성장과 돌봄 그리고 생명의 연속성을 내포하고 있다. 창조는 새롭게 만들어 낸다는 의미를 지니며 시작, 탄생, 혁신의 뉘앙스를 갖는다. 또한 창조는 무에서 유를 만드는 적극적인 행위이다. 양육은 창조의 주체로 역량을 맘껏 발휘할 수 있는 만반의 준비를 마쳤다.

  「하이힐」은 작은 존재인 까치발과 새끼손가락이 꿈을 향해 도약하며 마침내 한국적인 아름다움의 기상을 가진 동백꽃으로 핀, 결실로 귀결되는 여정을 통해 시적 주체가 창조의 문을 열었음을 표명한다. 까치발과 하이힐의 이미지를 통하여 내적 성장을 이룬 주체가 외형적으로도 커져 외부의 자극에 굴하지 않는 도구로 우뚝 선다.

뾰족구두 신은 풍차가
바람맞은 새끼손가락 돌리며
심폐 소생으로 맥박이 뛰어
파도치는 선풍을 일으킨다

소복이 쌓인 흰 눈이
헛발 디딘 그림자에 새 길을 열고
훌쩍 자란 동백이
정열을 불태우며 화려하게 꽃 피웠다

- 「하이힐」 부분

「새해 해돋이」 시편에서 보여 준 오뚝이의 정신을 강화한 자연을 협력자로 세계관을 확장한다. 해돋이라는 자연의 상징은 일상적 사물과 풍경 속에서 인간 내면의 변화와 가능성을 응축시킨다. 먹구름 같은 시련을 극복하고 찬란하게 도약하는 의지를 장착한 주체는 시간의 흐름 속에서 개인적으로 경험한 새로운 희망으로 재차 추구한 긍정적 에토스를 전달한다.

해산을 시샘하는
흑심 품은 먹구름이 바리케이드 쳐도
열정을 불태우며 장애물 헤치고
첫걸음을 내딛는다

수면 위로 힘차게 튀어 오른 고래가
바다 깊숙이 빠졌던 숨을 내뿜어

아픈 손가락과 발목의 상처로 흐르는
노을을 씻어 낸다

- 「새해 해돋이」 부분

4. 필연적 상호 작용의 만남

　일기예보에 소나기로 예측되어 있었던 사진과 시의 상호작용을 통해 결핍과 상호 보완의 의미를 탐구하는 『미애』 시집은 컬래버레이션이라는 형식을 통해 미학적 다양성과 새로운 표현의 가능성을 타진하는 데 앞장선다.
　'소나기가 바닥난 블랙'을 몰고 와 '빗줄기에서 커피 향이 나'는 하나의 동심원을 통해 서로 다른 존재가 만나 새로운 시너지를 만들어 냈다. 문화의 다양성의 조화로움은 시공간과 감각이 서로 다른 '별뉘로 채워지는 화이트'와 '낮달과 갯벌 내음'이 어우러져 따뜻한 에피소드를 창조함을 은근하게 우려낸다. 협업이 세상에 아름다운 흔적을 남긴다는 메시지로 혼자서는 불가능한 새로운 세계를 열어젖힌 창조적 결과를 낳는다고 할 것이다.
　김명석 시인의 미학적 성취는 상징과 은유, 의인화, 우화적 구조를 통해 인간 정신의 고통과 회복을 그려 낸 점이다. 고통과 상실이라는 주제를 직접적으로 표방하지 않고도 시인은 삶의 모순과 역설을 서정과 비유의 언어로 섬세하게 직조한다. 이 과정에서 고통을 미화하거나 회피하지 않으면서도 그 중심에서 발견한 희망과 존엄을 조용히 증명해 내는 것을 볼 수 있다. '덤으로 살고 두 몫을 살아야 하기에 늘 웃는 행복한 반달'인 사진작가와 컬래버레이션을 하며 이를 독자에게 알리는 김명석 시인의 시편들이 담긴 시집 『미애』는 니체 철학의 자기 극복 정신을 시적 언어로 변주하면서, 인간의 내적 성장을 주제로 한 현대 시의 새 장르로 오뚝 서고자 한다.

  고난 속에서도 스스로 일으켜 세우는 초극 정신, 결핍을 통해 타인과 연대하고 사랑으로 나아가는 존재, 그리고 그 모든 과정을 시라는 예술로 승화하는 작업을 통하여 이 시집은 한 개인의 서사적 고백을 넘어 협업이란 문학적 사유의 성취로 우뚝 설 것이다.

사진집 해설

풍광과 기발한 예술성의 미학적 조화

김의배(사진작가, 시인, 수필가, 기자)

  추미애 작가는 경기도 화성시 우정읍의 전원주택에 살면서 고온항, 궁평항, 제부도가 가까워 자연 속에서 소재를 찾아 촬영했다. 저녁놀이 아름다운 바다를 즐겨 촬영하고, 바닷가의 풍광을 작품화했다. 아울러 자연과 삶의 협업을 다루고 삶의 애환을 곁들였다. 이러한 작가의 '자연과 삶의 컬래버레이션'에 관해서 살펴본다.

밝게 빛나라(13p.)

푸른 하늘과 바다 풍경이 시원스럽다. 모세의 기적 같은 길이 바다 한가운데에 펼쳐지고 있다. 그 길을 따라가면 꿈의 세계가 기다리고 있을 것이다. 멀리 밝게 빛나는 수평선 위에 아련히 떠 있는 섬이 희망의 나라로 다가온다.

빨간 모자(15p.)

저 멀리 수평선 너머로 넘어가는 붉은 해가 바다의 빨간 모자로 시선을 끈다. 바다 위를 나는 갈매기도 해넘이를 아쉬워하는 듯, 저녁노을이 붉게 물들어 뜨는 해 못지않게 아름다움을 과시하고 있다.

늘 웃는(17p.)

수십 개의 스마일 마크를 배경으로 미소 짓는 얼굴을 표현했다. 양 볼과 이마에 새색시 연지 곤지 찍듯 스마일 마크를 붙여 늘 웃는 마음을 잘 표현했다.

반달(19p.)

사과를 반으로 쪼개어 반달을 형상화했다. 보통 사람들이 생각하지 못하는 기발한 아이디어가 돋보인다. 작가의 상상력이 뛰어나다.

장미(21p.)

삼색 장미꽃을 상하로 배열하여 아름다운 작품을 만들어 냈다. 속이 분홍색으로 은은한 백장미와 빨간 장미를 삼각형 구도로 잘 표현했다. 장미꽃을 배경에서 분리한 것도 작품을 돋보이게 하는 기법으로 새롭다.

호박(23p.)

원형 옥잠화 바구니 위에 늙은 노랑 호박, 그 위에 초록색 단호박, 그 위에 길쭉한 애호박을 올렸다. 시간의 축적과 색채의 배열이 참신하다.

공황장애(25p.)

바다 위에 먹구름이 하늘의 반을 덮어 공포를 느끼게 한다. 하늘 전체를 해일처럼 덮쳐 멀리 수평선 위에 떠 있는 섬까지 집어삼킬 것 같은 기세다.

환골탈태(27p.)
번데기에서 나비로 우화하는 모습을 잘 표현했다. 수많은 번데기 위에 한 마리의 검고 파란 나비가 두 쌍의 날개를 활짝 펴고 있는 모습은 강렬하고 인상적이다.

회귀 본능(29p.)
황혼이 붉게 물든 바다 위에 배들이 떠 있고, 수많은 새가 자기 고향으로 돌아가기 위해 군무하며 힘을 기르고 있다. 새들이 떼 지어 날갯짓하는 것은 회귀하기 위한 비상 훈련이다.

낙타는 선인장꽃을 피우기 위해(31p.)
거실에 있는 화분의 선인장이 탐스러운 꽃을 피워 나 보란 듯이 뽐내고 있다. 온 힘을 다해 한 송이의 아름다운 꽃을 피워 자신의 존재를 알린다. 사막의 낙타와 선인장을 연상시키고 있다.

등대의 꿈(33p.)
등대가 해넘이를 배웅하고 있다. 등대는 해가 져야만 불빛을 밝혀 항해하는 배에게 위치를 알려 주는 임무를 시작한다. 얼마나 많은 선장들에게 길 안내를 했을까? 낮에는 쉬고 밤에만 일하는 야행성 등대는 오늘 밤에도 수많은 선장에게 자기의 꿈을 알리고 있을까?

금의환향(35p.)
노을 진 바다에 물길이 열리고 그 물길 따라 고기잡이배들은 귀항할 것이다. 고기를 담뿍 잡아 만선의 꿈을 이루고 금의환향하는 배들은 희망과 함께 돌아올 것이다.

애꾸눈 오뚝이(37p.)

부둣가에 외로이 홀로 서 있는 등대는 이내를 기다릴 것이다. 그래야만 임무를 시작하니까. 저 멀리 도시에 전등불이 들어오고 등대도 불을 밝혀 지나가는 선장에게 항로를 알려 주며 즐거워할 것이다.

하이힐(39p.)

드리워진 커튼 앞에 이젤이 하이힐을 신고 있다. 이젤에 하이힐을 신길 생각을 어떻게 했을까? 작가의 기발한 아이디어가 돋보인다. 이젤 위에 작품만 올려놓으면 하이힐은 더욱 신이 나서 춤을 출 것이다.

청바지를 위하여(41p.)

청바지에 얽힌 사연들이 하나하나 드러난다. 혁대 대신 줄자가 끼워진 것은 허리 사이즈를 재며 다이어트하는 여심을 여실히 드러내고 있다. 허리가 불어날 때마다 고민하며 그것을 줄이기 위해 얼마나 많이 운동하고 음식 조절까지 했을까?

찜(43p.)

사람을 점찍어 두는 찜도 있고, 음식을 조리하는 찜도 있는데, 찜기 안에 '에피소드'라는 커다란 글씨가 쓰인 노트북을 담았다. 노트북에 담긴 여러 가지 음식을 스팀 찜기에 넣고 요리하는 아이디어는 참신하고 기발하다.

물고기와 놀기(45p.)

어항에서 유유히 헤엄치는 물고기와 시선을 맞추어 소통하며 노는 모습을 잘 표현했다.

개미와 베짱이(47p.)

인형으로 개미와 베짱이를 기발하게 표현했다. 죽어라 일만 하는 개미와 그 위에 앉아 바이올린을 연주하는 베짱이가 곧 한 여자임을 풍기는 뉘앙스가 절묘하다.

꽃놀이(49p.)

빨간 장미와 노란 장미 속에 빠져 버린 여인, 여인은 꽃 속에서 마냥 행복해한다. 그야말로 꽃 속에 묻혀서 꽃놀이하는 행복한 모습을 잘 표현했다. 보는 이도 덩달아 행복해질 것 같다.

금실지락(53p.)

빨간 등대가 먼저 눈에 들어오고, 파란색 배 두 척이 눈길을 끈다. 거문고와 비파가 서로 어울리는 모양처럼 두 척의 배가 쌍을 이룬다. 물이 빠진 부두에 나란히 정박해 있는 두 배를 금실지락으로 잘 표현했다고 보겠다.

붕어빵(55p.)

수십 개의 피규어를 배열하여 붕어빵을 형상화했다. 일반인들이 감히 상상조차 못 할 일을 남다른 시각으로 해냈다. 얼마나 많이 궁리하며 붕어빵을 구워 냈을까? 그 열정에 경의를 표한다.

사랑하는(57p.)
아이비가 나무줄기에 달라붙은 모습이다. 주변에서 아이비가 담이나 나무를 타고 올라가는 모습을 흔히 볼 수 있는데 그냥 지나치지 않고 포착했다. 하트 모양의 잎사귀를 가진 덩굴나무의 생태로 잘 표현했다.

머리 받침 없는 의자(59p.)
한겨울에 버려진 듯 내놓아진 의자 하나가 하얀 눈을 고스란히 맞은 채 자리하고 있다. 아무도 관심 두지 않는 빈 의자에 하얀 눈만 소복이 쌓인 것이 하나의 작품으로 탄생했다. 작가의 예리한 눈이 돋보인다.

페이지(61p.)
책갈피에 끼여 있는 갈색 낙엽 하나, 가을날 길가에서 흔히 밟히는 낙엽을 무심히 지나치지 않고, 작가는 책갈피에 끼워 놓고 촬영했다. 누군가와의 추억이 담긴 낙엽일 수도 있겠다.

냉온탕(63p.)
농약병과 쌀 막걸리 병을 대비시켰다. 이들을 가지고 냉온탕을 표현한 것은 보통 사람은 상상조차 할 수 없는 기발한 아이디어로 돋보인다.

익숙한 소리(65p.)
오래된 양은 주전자의 막걸리를 양은 잔에 가득 따르는 모습이 입맛을 다시게 한다. 술 따르는 소리가 정겹게 들리는 듯하다.

생선 비린내(67p.)
시장 좌판에 놓인 온갖 생선이 비린내를 풍기고 있다. 이것들을 다 팔아야 생선 장수 아줌마는 일과를 마치고 가벼운 발걸음으로 귀가할 수 있을 것이다.

기억의 넓은 뜰(69p.)
음식점의 뜰 한편엔 장독대가 있고, 거기엔 온갖 장류들이 숙성되고 있을 것이다. 음식 맛이 특이하거나 너무 맛있어서 한번 다녀간 손님은 이 가게를 기억하고 다시 찾아올 것이다.

상영 중(71p.)
캄캄한 밤에 유독 환한 불빛이 시선을 사로잡는다. 여기가 어딘지는 모르겠지만, 뭔가 이뤄지고 있는 것만은 확실하다. 작가의 의도를 독자나 관객은 짐작할 것이다.

화성목장 가는 길(73p.)
길게 길이 나 있고 그 길 따라 전선이 이어져 있다. 인적은 없지만, 사람들이 이 길을 따라서 화성목장을 오갔을 것이다. 1점 투시 구도로 표현된 작품이다.

이소(75p.)
저녁노을이 곱게 물들어 수평선을 넘어가려는 무렵 두 기둥 앞에 의자가 하나씩 놓여 있다. 앞바다에선 고깃배가 조업하고 있다. 새 새끼가 자라 둥지에서 떠나듯 여기 살던 사람이 어디론가 떠나 버리고 빈 의자만 쓸쓸히 남아 있는 인상이다.

아궁이(77p.)

하늘과 바다가 온통 노을로 뻘겋게 물들고 바닷가의 길이 새까맣게 타 버린 것 같은 모습이 그야말로 불타는 아궁이를 연상하게 한다.

오 남매(79p.)

감귤 다섯 개가 난로 위에 정답게 앉아 있다. 의인법으로 사람 오 남매가 살아가는 모습을 나타내고 있다.

오 남매 2(81p.)

바닷가 인공구조물 위에 갈매기 다섯 마리가 나란히 서서 바다를 응시하고 있다. 새 오 남매가 정답게 한 곳을 응시하는 것이 대각선 구도로 잘 표현됐다.

초록동색(83p.)

원형 짚방석 위에 다섯 종의 다육식물이 초록을 뽐내고 있다. 네 개의 둥근 화분 앞에 직사각형 화분을 배치해 안정감 있는 구도로 잘 표현했다.

줄기(85p.)

꽃망울 진 개나리 줄기를 유리컵에 꽂았다. 개나리는 꺾꽂이하면 거기서 뿌리가 나와 자란다. 개나리가 봄을 알리는 전령사로 우리에게 희망을 안겨 주고 있다.

꿈(89p.)
동그란 용기 안에서 새하얀 고양이가 자기 몸을 최대한 움츠리고 편안한 자세로 잠을 자고 있다. 마치 어미의 자궁 속에 있는 자세로 평화로움을 즐기고 있는 느낌이다.

꿈을 낚는 아이(91p.)
노을 진 바닷가에서 소년이 물고기 아닌 꿈을 낚는 모습이다. 바닷가에서 물고기는 낚이지 않을 것이고, 강태공이 세월 낚듯이 소년은 꿈을 낚고 있다.

외길의 향기(93p.)
아무도 가지 않은 갯벌에 누군가가 홀로 걸어간 흔적이다. 남들이 가지 않은 길을 개척자의 정신으로 걸어가는 발자국이 대각선 구도로 잘 표현돼 있다.

내 꿈은 바닷가 살기(95p.)
낮고 완만한 산세를 배경으로 어촌이 평화롭게 자리하고 있다. 대부분의 사람은 이런 마을에 살기를 바랄 것이다. 여기에서 살면 누구나 마음이 평온하고 행복하게 될 것으로 느껴진다.

운두(97p.)
그릇이나 신 따위의 둘레나 높이를 말하는 운두, 접시와 냄비가 겹겹이 쌓이고 맨 위에 딱풀 하나 서 있는 것이 무엇을 상징할까? 독자에게 상상을 불러오게 한다.

동서남북(99p.)

열십자 위에 나침반이 선명하게 동서남북을 가리키고 있다. 길 잃은 나그네에게 갈 길을 알려 주려고 거기 있는 것이다.

십인십색(101p.)

그릇에 예쁘고 먹음직스러운 오색 야채가 가지런히 배열되어 있어 강렬한 색채감을 나타낸다. 음식이 예술이 되는 순간이다. 시각적으로, 미각적으로 아름다운 예술 작품을 연출하고 있다.

요거트와 견과류(103p.)

견과류 위에 요거트가 담긴 접시가 놓이고 그 안에 견과류가 있어 우리의 건강을 생각하게 한다. 요거트와 견과류가 생활에 미치는 영향을 보여 주는 작품이다.

우정의 전원주택(105p.)

마음 맞는 친구들이 의기투합하여 지은 전원주택에서 함께 살아가는 꿈을 꾼다. 우정을 나누면서 오순도순 살아가는 전원주택, 거기로 들어가는 길은 S 자 구도로 낭만적이라 하겠다.

옹기종기(107p.)

바닷가 모래사장에 갈매기 떼가 옹기종기 모여 일제히 바다를 바라보며 뭔가를 기다리고 있는 모습이 정답고 평화롭다. 밀물 따라 들어오는 물고기를 생각할까?

커피숍의 해후(109p.)

사람이라곤 아무도 없는 커피숍에 인형 한 쌍이 커피와 콜라 잔을 앞에 놓고 마주한 것으로 의인화했다. 오랫동안 헤어졌던 두 사람이 다시 만나 차를 마시며 회포를 푸는 모습을 인형으로 연출한 의도가 차원 높은 안목이다.

새해 해돋이(111p.)

수평선을 박차고 올라 공중에 떠오른 붉은 태양이 새 희망을 안겨 준다. 심술쟁이 구름이 훼방을 놓아도 해님은 굽히지 않고 힘차게 오른다. 새해 해돋이가 모두에게 새 희망을 주며 온 세상을 밝히고 있다.

갈매기와 춤을(113p.)

해변에 갈매기들이 신이 났다. 춤추는 갈매기를 보는 이도 덩달아 흥이 나서 춤추고 싶겠다. 신나게 한바탕 춤을 추면 행복은 저절로 올 것이다.

소라 껍데기(115p.)

바다에서 한평생을 살아온 소라가 어쩌다가 껍데기만 남았나? 세월의 흐름에 따라 껍데기마저 온전하지 못하고 해골처럼 됐을까? 세월의 무상함을 느끼게 한다.

노을은 먹구름을 극복하고(117p.)

먹구름 속에서도 노을은 곱게 피어난다. 저 멀리 보이는 불빛은 희망의 빛이다. 인가에 불빛이 하나둘 살아날 때 노을은 먹구름을 극복하고 서서히 서해 속으로 여행 간다.

첫눈에 반한(119p.)

바닷가에 시원하게 뻥 뚫린 길 따라 달리고 싶은 질주 본능이 살아나게 한다. 하얀 첫눈이 지저분한 것들을 모두 덮어 버리고 새로운 세계를 펼쳐 보이니 첫눈에 반할 만도 하겠다. 1점 투시 구도로 멋진 작품이다.

골목 누아르(121p.)

'누아르'는 암흑가를 다룬 영화다. 울긋불긋 현란하게 색채가 칠해진 건물들이 즐비한 골목길을 1점 투시 구도로 표현했다. 이 골목, 이 거리에서 얼마나 많은 일들이 벌어졌을까? 상상의 나래를 펼치게 한다.

우화(123p.)

바닷가에 쳐 놓은 노후화된 울타리가 시간의 흔적을 엿볼 수 있게 한다.

에피소드(125p.)

일곱 빛깔 무지개를 배경으로 한 TIME EGG에서 무지개 같은 에피소드가 줄줄이 계속 나올 것만 같다. 이렇게 연출하여 작품화한 작가의 안목을 높이 평가한다.

작가는 섬세한 솜씨와 상상력을 발휘하여 작품에 반영했다. 생활에서 얻은 경험과 지혜를 작품화하여 독자들에게 공감을 불러오게 한다.

보는 이로 하여금 사진의 저편에 있는 사연까지도 그려 볼 수 있게 한다. 작품들이 우수하고 많은 것을 생각하게 해 시와 어울려 한결 더 빛을 발할 것으로 기대한다.